AF252615

Au Comte André Martinet

Hommage de respectueux dévouement.

Henry NARBONNE.

Tours, le 1ᵉʳ Novembre 1900

Henry **NARBONNE**.

—

1870

~~~~~

TOURS

Imprimerie Deslis Frères

~~~~~

1901

1870

L'HISTOIRE s'est prononcée. Des hommes éminents ont tranché maintes fois la question, et cependant Sedan est encore, pour beaucoup d'esprits, un problème qu'ils ne peuvent résoudre.

Quel est le grand coupable dans cette guerre malheureuse ? Quel est le grand responsable de nos défaites de l'Année Terrible ? A qui devons-nous reprocher avec indignation la perte de ces provinces chères à nos cœurs de Français : l'Alsace et la Lorraine ?

Telles sont les questions que des hommes inquiets ou ignorants se posent encore à l'heure actuelle.

Les Républicains malhonnêtes, ceux qui mettent en pratique le fameux mot de Voltaire : « Mentez, mentez, il en restera toujours quelque chose », répondent aussi invariablement qu'il y a vingt ans, alors que la lumière n'était pas encore complètement faite : « C'est Napoléon III qui a été « la cause de nos désastres, parce qu'il n'a pas su « donner à la France une armée nombreuse et « bien organisée. C'est Napoléon III qui a voulu

« et déclaré la guerre, parce qu'il y voyait l'unique
« salut pour son trône ébranlé. »

A ces deux affirmations *mensongères* et *hai-
neuses* nous répondrons que, si en 1870 notre
armée n'était pas suffisamment organisée pour
tenir tête aux forces allemandes, la responsabilité
n'en incombe pas à Napoléon III. Nous répondrons
que ni l'Empereur ni l'Impératrice ne voulaient
la guerre, mais que cette guerre, provoquée par
la fausse dépêche d'Ems, leur a été imposée par
la pays tout entier. Nous répondrons enfin que
cette guerre n'était nullement nécessaire pour
relever le prestige d'un trône, prestige qui n'avait,
en aucune façon, besoin d'être relevé.

I

La Loi du Maréchal Niel
et l'Opposition

Nous n'étions pas prêts, en 1870. Voici un fait indéniable que l'Histoire constate et que tous reconnaissent.

Aux 800.000 hommes que l'Allemagne jetait sur nous, nous ne pouvions opposer, au premier choc, que 250.000 hommes. Partout nos soldats furent superbes de patriotisme et d'héroïsme, mais partout leur infériorité numérique les força à reculer, à céder.

L'expédition du Mexique, si brillamment commencée, si lamentablement achevée, avait amoindri nos effectifs, désorganisé nos cadres. La presse révolutionnaire, qui venait de recouvrer sa liberté, menait une vigoureuse campagne contre nos institutions militaires, inspirait aux soldats la méfiance de leurs chefs, jetait le trouble dans les esprits. Le Parlement, dont, pour le malheur de la France, les pouvoirs augmentaient chaque jour, laissait faire. Bien plus, l'opposition républicaine et royaliste réclamait, dès 1866 et 1867, la suppression de l'armée permanente.

M. Jules Simon s'écriait à la tribune, le 19 dé-

cembre 1867 : « Je ne suis pas partisan des
« armées permanentes, surtout des armées nom-
« breuses. » M. Pelletan disait, de son côté :
« Le militarisme est une plaie. Je compren-
« drais les pompiers armés pour le cas
« d'une invasion ; mais une invasion est-elle
« possible ? On s'indignerait si je formulais une
« prévision semblable, et on aurait raison. »
Garnier-Pagès, Crémieux, Magnin, Ernest Picard
n'étaient pas moins dédaigneux pour le militarisme. Jules Favre renchérissait sur tous :
« Qu'est-ce que je lis dans les documents officiels :
« qu'il faut que la France soit armée comme ses
« voisins? Ma conscience, Messieurs, se révolte
« contre une pareille proposition. Nos véritables
« alliés sont les idées... la nation la plus puissante
« est celle qui peut désarmer ; donc rapprochons-
« nous sans cesse du désarmement. » Ainsi par-
laient les Républicains, les futurs membres de la
« Défense nationale », ceux qui devaient, plus tard,
décréter la levée en masse et imposer le service
obligatoire !

Une réorganisation complète de nos cadres
s'imposait donc de plus en plus. Napoléon III
le comprit. Il chargea le maréchal Niel, brave
soldat et honnête homme, de présenter aux
Chambres une nouvelle loi militaire. Cette loi ra-
menait la durée du service à cinq années, mais elle
organisait une réserve, où entraient les soldats
à l'expiration de leurs cinq ans pour y rester
pendant quatre ans, et d'où, en temps de guerre,
un simple décret suffisait à les rappeler à l'acti-
vité. L'effectif total de l'armée, en temps de
guerre, s'élèverait à 800.000 combattants dès
le début des hostilités. La nouvelle loi créait,

de plus, une garde nationale mobile com-
prenant les jeunes gens exemptés, remplacés ou
n'ayant pas été pris dans le contingent annuel.
Cette garde nationale mobile était destinée à
assurer la défense des frontières et des côtes. Le
service s'y organisait par département et par can-
ton. Grâce à cette organisation, on pouvait mettre,
derrière les 800.000 combattants de l'armée active
et de la réserve, un soutien de 3 à 400.000 hommes
de vingt à vingt-neuf ans. Après avoir examiné,
même sommairement, comme je viens de le faire,
la loi militaire du maréchal Niel, on peut se rendre
compte aisément que, si elle eût été appliquée,
elle nous aurait donné, sans aucun doute, la
victoire.

Le maréchal Niel présenta donc cette loi au
Corps législatif, et, pour en faire comprendre la
nécessité, il dit : « On me force à donner des
« chiffres !... Nous avons moins d'artillerie que
« toutes les autres puissances de l'Europe. Nous
« avons 2 pièces par 1.000 hommes ; partout
« ailleurs, on compte 3 pièces par 1.000 hommes.
« Il y a des inconvénients à entrer dans tous ces
« détails, je ne me le dissimule pas, et je répugne
« ainsi à dévoiler notre situation ; mais je rem-
« plirai mon devoir jusqu'au bout, il serait souve-
« rainement imprudent de descendre au-dessous
« d'une artillerie nécessaire... Je vous en supplie,
« Messieurs, ne me forcez pas d'avouer en public
« notre insuffisance. Les autres cabinets suivent
« attentivement ces débats. C'est là que se déclare
« la guerre... les choses publiques de l'armée ne
« peuvent être menées de cette façon. » Et le
maréchal terminait en disant : « Messieurs, je
« n'ai pas la prétention d'être l'homme nécessaire ;

« mais j'ai embrassé la mission de réorganiser
« l'armée. Comment pouvez-vous vouloir que l'on
« me refuse, à chaque instant, les choses que je
« regarde comme nécessaires ? »

Le maréchal Niel faisait appel au patriotisme
des membres de la Chambre. L'opposition ne
pouvait le comprendre. Le maréchal dévoilait
notre insuffisance et montrait l'accroissement des
forces allemandes ; ceux qui prenaient leur mot
d'ordre à Berlin, dans le cabinet de Bismarck,
ne voulaient rien entendre.

Aux sages paroles, aux supplications du maréchal
Niel, Jules Favre répondait : « Ayez donc confiance
« dans le patriotisme de la population... Les
« militaires sacrifient tout à un point de vue
« spécial et oublient trop par quelle force supé-
« rieure la France serait défendue si jamais elle
« était au moment du danger. » Jules Favre
oubliait que le courage est impuissant devant le
nombre et la force, que l'héroïsme ne peut rien
quand il n'est pas soutenu. Dans cette même
séance, M. Émile Ollivier, qui n'était pas alors
membre du gouvernement, criait au maréchal Niel,
pour compléter la pensée de Jules Favre : « Que
« la France désarme, et les Allemands sauront
« bien contraindre leur gouvernement à l'imiter ! »
On eût dit qu'un souffle de folie avait passé sur
les bancs de la gauche. Garnier-Pagès, Picard,
Jules Simon, Jules Favre, Ollivier, Crémieux,
Magnin se succédaient à la tribune, entravant les
débats par de violents et fastidieux discours,
retardant, pendant des mois, le vote de la loi. Un
jour, Jules Favre s'écria : « Vous voulez donc faire
de la France une vaste caserne ! » et le maréchal
Niel répondit tristement : « Prenez garde d'en

faire un immense cimetière ! » Tous les débats tiennent dans ces deux phrases. Nous y voyons, d'un côté, la haine antifrançaise et antipatriotique des Républicains ; de l'autre, la sagesse, la prévoyance, le patriotisme de Napoléon III exprimés si fidèlement par le maréchal Niel.

Les Républicains ne se contentaient pas de combattre les projets du maréchal Niel au sein du Parlement, ils faisaient appel à la nation pour repousser la nouvelle loi militaire, et leurs journaux l'attaquaient chaque jour.

Les Royalistes, non plus, ne restaient pas silencieux. Dans cette œuvre maudite de désorganisation militaire entreprise pour renverser l'Empire, les ducs de l'extrême-droite donnaient la main aux pires démagogues de gauche. Ceux qui refuseraient de le croire n'ont qu'à lire les proclamations adressées aux électeurs par les candidats royalistes. Le duc Decazes s'adressait aux électeurs de 1869 en ces termes : « Deux partis sont en présence... celui « de la loi militaire et des budgets en déficit. « Demandez-lui compte et des lourds contingents « qui épuisent l'agriculture et de cette paix armée « qui ruine l'Europe et qui nous ruine avec elle. « L'autre parti demande le désarmement, moins de « casernes et plus d'écoles... réduction de l'armée, « réforme de la dernière loi militaire écrasante « pour les campagnes, etc., etc. » Le duc d'Audiffret-Pasquier disait aussi aux électeurs d'Argentan : « Je demanderai la réduction des contingents, « qui enlèvent chaque année des bras à l'agriculture et des ouvriers à l'industrie. »

Si les Royalistes eussent été au pouvoir à ce moment, ils n'auraient pas tenu le même langage. Mais, en 69, il s'agissait de renverser le trône

impérial, il fallait satisfaire de vieilles rancunes
et, pour cette œuvre, tous les moyens, même les
plus criminels, semblaient bons aux amis de
Gambetta et de Jules Favre.

Bismarck avait donné à l'opposition un double
mot d'ordre. Les Républicains devaient s'opposer
à toute réorganisation de notre armée, à la tribune,
dans la presse et devant les électeurs. Ils devaient,
de plus, faire le silence le plus complet sur les
armements de l'Allemagne. Jamais, on peut le
dire, mot d'ordre ne fut observé avec plus
d'ensemble et d'habileté. Nous avons vu comment
l'opposition attaqua, à la Chambre et dans les
journaux, les projets du maréchal Niel. Pendant
ce temps, la presse française presque tout entière
restait muette sur les préparatifs de l'Allemagne.
Bismarck payait et payait largement en argent
et en promesses. Au Parlement, quand un ministre,
pour faire comprendre la nécessité de nous orga-
niser au plus vite, dévoilait l'organisation allemande, la gauche criait au mensonge. Thiers,
cet homme que les Républicains ont couvert
d'éloges, cet homme qui, d'après eux, avait tout
prévu, tout annoncé, dit un jour, en réponse aux
déclarations pessimistes d'un des ministres : « La
« Prusse, selon Monsieur le ministre, nous
« présenterait 1.300.000 hommes. Mais, je le
« demande, où a-t-on vu ces forces formidables ?
« De tels chiffres sont parfaitement chimériques...
« La Prusse, combien d'hommes a-t-elle portés en
« Bohême en 1866 ? 300.000 ! C'est que, Messieurs,
« il ne faut pas se fier à cette fantasmagorie
« des chiffres... ce sont là des fables qui n'ont
« aucune espèce de réalité ! » Thiers dira, il est
vrai, le contraire avant la déclaration de la guerre,

mais il était trop tard. Peut-être est-il revenu de son erreur, parce qu'il savait qu'il n'y avait plus rien à faire, uniquement pour se créer une popularité et se préparer une place dans le gouvernement du lendemain.

Enfin, après d'interminables débats, la loi fut votée. Napoléon III et le maréchal Niel firent de louables efforts pour en obtenir l'application la plus rapide, mais le Parlement prit à tâche de contrarier leurs travaux. Quelques mois avant la déclaration de la guerre, il votait encore une diminution de 10.000 hommes sur le contingent annuel. Le maréchal Niel mourut à la peine. Personne, excepté l'Empereur, ne voulait l'écouter. Sur ces entrefaites, la guerre éclata, et nous fûmes battus. Nous fûmes battus à cause de l'opposition systématique et antipatriotique des Républicains et des Royalistes! Nous fûmes battus parce que la loi du maréchal Niel avait été votée trop tard, parce qu'il avait fallu, pour la faire passer, triompher d'une opposition menaçante qui travaillait pour l'étranger et pour renverser le trône impérial! Cette question est, à l'heure actuelle, bien tranchée, et, pour croire encore à la responsabilité de Napoléon III sur ce point, il faut être un ignorant ou un insensé. Trop de faits abondent pour qu'on puisse douter un seul instant de la complicité de Bismarck et de l'opposition contre la France et le Gouvernement Impérial.

II

La dépêche d'Ems

La candidature du prince Léopold de Hohenzollern au trône d'Espagne venait d'être écartée. Napoléon III, par une sage diplomatie, par des protestations inspirées par le patriotisme le plus désintéressé, avait éloigné de la France un danger menaçant. Il avait prouvé, une fois de plus, qu'il savait parler en maître à l'Europe et qu'il désirait en même temps une paix durable, basée sur l'équilibre des différentes puissances européennes.

Le 12 juillet, on apprit à Paris le retrait de la candidature Hohenzollern, et M. Émile Ollivier put dire à M. Thiers, en lui montrant la dépêche : « Soyez rassuré, *nous tenons la paix, nous ne* « *la laisserons pas s'échapper.* »

Le soir même, M. de Olazaga, ambassadeur d'Espagne, arrivait à Paris. L'Empereur venait de subir dans la journée une opération douloureuse. Malgré les atroces souffrances qu'il avait endurées, malgré la fatigue qui l'accablait, il fit entrer aussitôt l'ambassadeur espagnol. L'entrevue dura jusqu'à une heure fort avancée de la nuit.

Vers minuit, Napoléon III reconduisit M. de Olazaga jusqu'à la porte de son cabinet, et, l'embrassant, il lui dit : « Je n'oublierai jamais la « preuve d'amitié que vous m'avez donnée ce soir ; « merci pour la renonciation des Hohenzollern. »

L'Empereur était souriant et radieux. Il tenait entre ses mains la paix, le plus cher de ses rêves, l'objet de toutes ses préoccupations.

Aussi, le 13 juillet au matin, M. Robert Mittchell pouvait-il écrire dans *le Constitutionnel :* « Nous sommes satisfaits : le prince Léopold avait « accepté la couronne d'Espagne. La France a « déclaré qu'elle s'opposerait à une combinaison « politique ou à un engagement de famille qu'elle « jugeait menaçants pour ses intérêts, et la candidature est retirée : le prince de Hohenzollern « ne régnera pas en Espagne. Nous n'en demandons pas davantage, et c'est avec orgueil que « nous accueillons cette solution pacifique. *Une « grande victoire qui ne coûte pas une larme, « pas une goutte de sang !* »

Tout était terminé : Napoléon III, qui ne voulait pas la guerre, venait de l'écarter pour longtemps du sol de la France. Mais le Parlement intervint, prouvant une fois de plus son rôle inutile et néfaste.

A la Chambre, on interpelle, on discute, on ne se déclare pas satisfait. Il faut autre chose, pour contenter la gauche ; il faut la guerre pour permettre aux Jules Favre et aux Gambetta de renverser l'Empire.

M. Clément Duvernois dépose une demande d'interpellation en ces termes : « Nous demanderons à interpeller le Cabinet sur les garanties

« qu'il a stipulées ou qu'il compte stipuler pour
« éviter un retour de complications successives
« avec la Prusse. »

Le Ministère, obéissant aux injonctions du Parlement et sans consulter l'Empereur, ordonna à M. Benedetti de réclamer au roi de Prusse l'engagement qu'il s'opposerait, à l'avenir, à toute candidature allemande au trône d'Espagne.

Le roi de Prusse, nullement froissé par les démarches du comte Benedetti, télégraphia d'Ems, où il se trouvait, à Berlin pour annoncer que tout conflit disparaissait.

C'est alors qu'apparaît le véritable auteur de la guerre, le faussaire Bismarck.

Le tout-puissant ministre était à table quand il reçut la dépêche. La falsifier, lui donner un ton provocant, injurieux même, fut pour lui l'affaire d'un tour de main. Il a eu, du reste, le triste courage de narrer les détails de son « crime ».

« Quand j'eus donné lecture de cette dépêche
« (du roi), Roon et Moltke laissèrent tomber d'un
« même mouvement couteau et fourchette sur la
« table et reculèrent leur chaise. Nous étions tous
« profondément abattus. Nous avions le sentiment
« que l'affaire se perdait dans les sables. Je
« m'adressai à Moltke et lui posai cette question :
« Notre armée est-elle réellement assez bonne
« pour que nous puissions commencer la guerre
« en comptant, avec la plus grande probabilité, sur
« le succès ! » Moltke avait une confiance inébran-
« lable comme un roc. « Eh bien ! alors, continuez
« tranquillement à manger », dis-je à mes com-
« mensaux. Je m'assis à une petite table ronde qui
« était placée à côté de la table où l'on mangeait,
« je relus attentivement la dépêche, je pris mon

« crayon et je rayai délibérément tout un passage :
« je ne laissai subsister que la tête et la queue.
« Maintenant la dépêche avait un tout autre air. Je
« la lus à Moltke et à Roon dans la nouvelle rédac-
« tion que je lui avais donnée. Ils s'écrièrent tous
« les deux : « Magnifique ! cela produira son effet ! »
« Nous continuâmes à manger avec le meilleur
« appétit. » Le faux était commis, la guerre était
rendue inévitable.

M. Maurice Busch, secrétaire intime de M. de
Bismarck, a fait le récit suivant : « Le chancelier
« reçut sur les incidents d'Ems, par l'intermédiaire
« du conseiller Abeken, de l'entourage du roi, une
« communication détaillée télégraphique, accom-
« pagnée de l'autorisation royale d'en publier
« le contenu. Au moment où la dépêche arriva,
« les comtes de Moltke et de Roon se trouvaient à
« dîner (à Berlin) chez M. de Bismarck, qui leur fit
« la lecture de la dépêche. De cette lecture les deux
« généraux eurent l'impression que la situation
« était pacifique. Le chancelier répliqua : « Cela
« dépendra beaucoup du ton et du contenu de la pu-
« blication que je suis autorisé d'en faire. — Mais,
« s'écria le maréchal de Roon, la dépêche d'Ems
« annonce une chamade et vous en faites une fan-
« fare ! — Je sais ce que je fais, répliqua Bismarck,
« et j'en prends la responsabilité. » Alors, en pré-
« sence des deux convives, il fit un extrait *au*
« *moyen de suppressions.* »

Il supprima notamment la phrase : « Là-dessus
« Benedetti a dit se contenter, lui aussi, de cette
« réponse », et il écrivit à la place : « Après cela,
« Sa Majesté a refusé de recevoir l'ambassadeur
« de France : Elle lui a fait dire par un aide de
« camp qu'elle n'avait plus rien à lui communiquer.

« et je suis autorisé à le faire connaître aux Cabi-
« nets d'Europe. »

Le soir même, la dépêche ainsi tronquée, falsifiée,
était publiée par tous les journaux allemands et adressée à toutes les agences. Elle équivalait à une déclaration de guerre. L'émotion fut grande en Europe, et
particulièrement en France. A Paris, le peuple
criait : « A Berlin ! » Il sentait que l'honneur national
venait d'être cruellement atteint par la déclaration allemande. Obéissant à la pression de la foule,
à la surexcitation de l'opinion publique, le Parlement vota les crédits nécessaires. La France, dans
un élan unanime, venait de déclarer la guerre à
la Prusse.

Alors que la nation entière acceptait avec joie
la lutte contre l'ennemi séculaire qui venait de la
provoquer à nouveau, alors que tous les Français
s'unissaient sans distinctions de partis politiques
pour venger l'honneur outragé de la patrie, seuls
l'Empereur et l'Impératrice regrettaient cette
guerre trop précipitée ; seuls, au milieu de la France
entière, *ils ne voulaient pas la guerre.*

On a eu l'audace d'inventer une hideuse légende
d'après laquelle l'Empereur et l'Impératrice auraient déclaré la guerre dans un but d'intérêt per-
sonnel et purement dynastique. On a même osé
prêter à l'Impératrice cette parole folle et cruelle :
« Cette guerre sera ma guerre ! » Tous ces racontars
ne s'appuient sur aucun fait. Aucun témoignage ne
vient les corroborer. Ils s'écroulent, au contraire,
devant les récits suivants, qui émanent pour la plu-
part d'écrivains peu bienveillants pour l'Empire
et qu'on ne peut, par là même, accuser de partia-
lité.

M. Rothan dit que, le soir de la déclaration de

guerre, l'Impératrice demanda à M. de Parieu
ce qu'il pensait des résolutions prises : « Je pense,
« Madame, répondit-il, que, si l'Angleterre pouvait
« trouver une formule qui nous permît d'éviter la
« guerre, elle aurait bien mérité de la France. —
« Je suis bien de votre avis, répondit l'Impératrice. »

M. Lara a fait le récit suivant :

« Dans la soirée, après la séance qui venait de
« produire sur nous une impression si profonde,
« le baron Jérôme David (un des députés les plus
« influents de la majorité) me dit : « Allons à Saint-
« Cloud ; je veux voir l'Empereur et connaître ses
« intentions. » Et nous partîmes. J'attendis le
« baron pendant plus d'une heure dans le salon des
« officiers de service. Lorsqu'il reparut, il me sem-
« bla avoir perdu toute son assurance et être en
« proie à une vive perplexité. Il donna à son cocher
« l'ordre de nous suivre : nous descendîmes la
« grande avenue, et, après un assez long silence, il
« me dit tout à coup : « *Vous verrez que, pour*
« *faire cette guerre, qui est inévitable et indis-*
« *pensable, il faudra forcer la main à l'Em-*
« *pereur. Il n'en veut pas :* il prétend que les
« Prussiens sont plus forts, plus nombreux, mieux
« disciplinés et même mieux armés que nous ! *Il*
« *espère encore que la guerre pourra être évitée.*
« *Il se trompe, il est trop tard.* »

« Je l'interrompis pour lui demander s'il avait
« vu l'Impératrice. « Oui, me répondit-il, *elle est*
« *nerveuse, elle a les yeux rougis par les*
« *larmes, et l'Empereur lui a fait évidemment*
« *partager ses craintes.*

« Ollivier est entré aussi dans le cabinet de
« l'Empereur. Lui aussi manque d'enthousiasme,
« il considère que nous devrions nous contenter

« d'une demi-satisfaction. Est-ce possible ? Le
« pays est emballé... Tenez, entendez ces cris,
« ces chants ! Comment ferait-on accepter une
« reculade à ces gens-là ? » — Nous venions de
« traverser le pont de Saint-Cloud, la soirée était
« splendide et la nature semblait en fête. Sous
« cette « pâle clarté qui tombe des étoiles », nous
« apercevions, à travers le feuillage embaumé du
« Bois de Boulogne, les lumières de Paris. Les
« chants joyeux, les musiques d'orchestres,
« l'hymne de *la Marseillaise* et ce cri terrible :
« A Berlin ! » arrivaient jusqu'à nous !

« Quel contraste entre les manifestations de ce
« peuple frémissant d'enthousiasme et de con-
« fiance et les sombres pronostics qui avaient
« trouvé un écho dans les murs du palais que
« nous quittions. *Que de fois, en entendant dire*
« *que l'Empereur s'était jeté en aveugle dans*
« *cette tourmente et en entendant attribuer*
« *à l'Impératrice cette parole : « C'est ma*
« *guerre à moi ! » je me suis souvenu de cette*
« *soirée ! »*

La troisième citation est de M. Henri Lapauze :
« La déclaration de guerre avait eu lieu depuis
« quelques jours. L'effervescence était à son
« comble, et l'on procédait à la mobilisation aussi
« promptement que possible, lorsque, un jour,
« dans l'après-midi, l'Empereur me manda dans
« son cabinet. Sa Majesté, me remettant une
« lettre adressée à lord Granville, ministre des
« Affaires Étrangères d'Angleterre, me dit de la
« porter le plus tôt possible à l'ambassade du
« Royaume-Uni. « Vous la donnerez, ajouta-t-il,
« en mains propres, au premier ministre, qui est
« en ce moment à Paris. » Je partis à cheval, et,

« quelques minutes après, j'étais à l'ambassade.
« L'huissier ne parut pas surpris de ma demande
« de voir lord Granville, de la part de l'Empe-
« reur ; mais, un quart d'heure après, il revint
« avec un secrétaire d'ambassade, et il me fut
« alors répondu que malheureusement son Excel-
« lence était repartie le matin même par le train
« de onze heures. Or j'ai eu, depuis, la certitude
« que lord Granville n'avait pas quitté Paris à
« l'heure où je m'étais présenté à l'ambassade,
« et, d'autre part, j'appris que l'Empereur tenait
« à le voir pour tenter un suprême appel auprès
« de l'Angleterre, qui aurait pu encore tout
« empêcher si elle l'avait voulu... »

Jusqu'au dernier moment, Napoléon III chercha
donc à éviter la guerre. Le témoignage de M. Lapauze suffirait à lui seul pour réduire à néant les
coupables mensonges des ennemis de l'Empire.

Du reste, quel intérêt l'Empereur aurait-il eu
à déclarer la guerre ? Le prestige de son trône
était-il ébranlé, comme on l'a soutenu ? Non,
certes ! Le plébiscite du 8 mai 1870 venait de
prouver à nouveau l'attachement des Français au
régime impérial. La nation entière avait donné
une nouvelle consécration au Gouvernement et,
par là même, avait renouvelé sa force et son auto-
rité.

L'Europe tremblait encore devant Napoléon,
puisque la candidature Hohenzollern était retirée
à la demande de l'Empereur.

Sur ces lugubres événements de 1870, la lumière
s'est faite peu à peu. Les aveux de Bismarck ont
été un éclair dans ce ciel obscurci de l'histoire.
Les esprits intelligents ont reconnu leur erreur, et

ils l'ont confessée dans maints ouvrages et dans maints articles. Quant à ceux qui n'ont pas voulu se rendre à l'évidence, qui ont fermé obstinément leurs yeux à la lumière, il ne leur restera que la honte d'avoir menti et d'avoir calomnié. L'opinion publique les avait déjà condamnés. Aujourd'hui, 1870 est entré dans le domaine de l'histoire, et l'histoire, elle aussi, les a condamnés.

Tours, imprimerie DESLIS FRÈRES, 6, rue Gambetta.